UNO EFE SIETE

UNO EFE SIETE

Juanjo de Tierra

Pre-Textos

IV Premio de Poesía Antonio Ródenas García-Nieto
Fundación Antonio Ródenas García-Nieto

POESÍA

La Fundación Antonio Ródenas García-Nieto convocó, el día 15 de abril de 2024, al jurado del IV Premio de Poesía Antonio Ródenas García-Nieto. Dicho jurado, integrado por Mariano Peyrou, Ángela Segovia, Juan Marqués, Manuel Borrás y Alvar Haro, otorgó el premio al libro de Juanjo de Tierra, *Uno efe siete*.

Primera edición: mayo de 2024

Diseño y maquetación: Pre-Textos (S.G.E.)

Luis Santángel, 10
46005 Valencia
www.pre-textos.com

en coedición con
FUNDACIÓN ANTONIO RÓDENAS GARCÍA-NIETO

ISBN: 978-84-10309-11-1
Depósito legal: V-1786-2024

Impreso en España / *Printed in Spain*

Impreso en Safekat S.L.

La ciencia es la poesía de la realidad.

Richard Dawkins

La baldosa que no piso
cuando camino por la ciudad.

El peralte de la próxima curva
que traerá esta carretera.

El disipador que reduce la temperatura
del procesador de una computadora.

La tajadera de la acequia que al abrirse
inunda el campo de manzanos.

El llamado a la oración
que el almuédano convoca desde el minarete.

El lapso de tres segundos
que dura, según la estadística, un abrazo.

La muerte del dueño del gato
que deja vacío el piso.

La piel desnuda que se confunde
con un cristal empañado.

La marca en la acera
donde hubo un quiosco de periódicos.

El amor entendido
como una infección en el deseo.

La batida de caza
en la que nunca participaré.

La paleta donde se entremezclan
óleo y trementina.

El ataúd de alabastro
del abad del monasterio.

El espacio que un día
les será devuelto a los insectos.

La codera que el sastre
nos cose en el abrigo.

El soplo que para avivar el fuego
dirijo sobre las brasas.

El orden que escogió Mendeleyev
al publicar la primera tabla periódica.

El error extendido de quienes juzgan todo
desde el presentismo.

El cuidado de las flores
en el jardín de las voces de Porchia.

La fotografía de un rayo
capturado en la tormenta.

La visita a la cárcel
para hablar a través de un cristal.

El móvil perpetuo de primera especie
aniquilado por el rozamiento.

El instrumento musical capaz
de confundir a las montañas.

La figura diminuta que espera el tren
en el andén del diorama.

La consulta de la lista
de los regímenes preposicionales de un verbo.

El disco diafragma que ocasiona
una contrapresión en el sistema hidráulico.

El insomnio que cuenta
las luces de las ventanas del vecindario.

El soldado moribundo que pasa inadvertido
en una escena de Brueghel.

La cicatriz que siempre
permanece en el espejo.

El manojo de llaves
condenado a no abrir ninguna cerradura.

La cuerda para caminar a treinta metros del suelo
sin red de protección.

La bisagra del pupitre
donde estudió mi madre.

La invitación a mirar
detrás de una cortina.

La pantalla que encendemos
para apagar a nuestros hijos.

El rociador en el techo de la tienda
que aguarda expectante el incendio.

El nudo que no acaba de desatarse
sin que otro nudo aparezca.

El muestreo direccionado
que otorga la consistencia de la selección natural.

La voz en la televisión
que predice nubes y claros.

El sistema de remaches
que fija el ala del avión al fuselaje.

El anósmico que duerme
con el comedor en llamas.

El silencio atmosférico
de un cuadro de Hopper.

El mango de la azada
tallado en madera de avellano.

El hule macizo con el que fabricaban
los mayas la pelota para el juego.

El miope que levanta sus gafas
para poder ver bien de cerca.

La paz que encontró Tolstoi
en una gélida localidad ferroviaria.

El dispositivo electrónico
que afina una guitarra clásica.

La resina en la tapa de la alcantarilla
que silencia el paso del tráfico.

El método D'Hont que otorga los escaños
en un sistema de representación proporcional.

El nombre del mes que en euskera
recuerda el aullido de los lobos.

El establo donde se escondió Planck
huyendo de las tropas alemanas.

El vapor que en invierno
calienta la leche para el café.

El candado y la cadena
que cierran la verja del jardín.

El alfiler que no atraviesa
el cuerpo a la mariposa.

La demostración de la conjetura de Poincaré
que elaboró Grisha Perelmán.

El grafiti en el muro
de la fábrica abandonada.

La patente de la olla Bellvis
registrada en mil novecientos diecinueve.

El cactus que alza sus brazos
en el desierto de Sonora.

El silbato que usa el cetrero
para que acuda el halcón al guante.

La aguja que delineará en mi piel
el primer tatuaje que me espera.

El cadáver de las botas verdes usado
como punto de referencia en la ascensión al Everest.

La construcción de ese hotel mítico
con todas las habitaciones donde hemos dormido.

La hoz que siega la alfalfa
varias veces por campaña.

La cuartilla sobre la mesa
del escritorio de la Huerta de San Vicente.

La solución quimérica
del cubo de Rubik en mis manos.

El conector de audio balanceado
que cancela las interferencias electromagnéticas.

El tiempo al que derivamos
la resolución de un conflicto.

La figura solitaria del escribiente
que se quedó a vivir en la oficina.

El bisturí de vaho
que extirpará mi glándula de Ícaro.

La estantería que ordena
los repuestos que nadie necesita.

La utilidad del bolsillo pequeño
de un pantalón vaquero.

La simetría morfológica de un niño
afectado por el síndrome de Down.

La memoria que lleva cosida
el jersey de segunda mano.

La letra ele en la esquina
de la luneta trasera de un automóvil.

La nieve perpetua del Ararat
contemplada con ira desde Armenia.

La adición de sulfitos
que previene la aparición de las bacterias.

La estrategia fallida
de tratar de huir de la costumbre.

El agujero de la roca
que aprovecha el ave para el nido.

El hámster girando en la rueda
que solo avanza en el tiempo.

La defensa siciliana con la que Kasparov
iniciaba sus partidas.

La bolsa de agua caliente
que se acomodaba encima del cubrecolchón.

La teja de cerámica
que unas manos colocan en su sitio.

El catalizador que disminuye
la emisión de gases en un vehículo.

La geometría imposible
entre los dedos de Maurits Escher.

La fuga de aire comprimido
que encuentra el detector de ultrasonidos.

El núcleo de la tierra sometido
a cinco mil quinientos grados centígrados.

La escalera de caracol que esconde
la torre de hormigón de un aerogenerador.

El cálculo del coste efectivo
de un servicio municipal.

La noche imaginada
en que se verán todos los caminos.

La tonalidad de las pastillas de combustible
prensadas con uranio enriquecido.

La raíz del chopo
que se adentra en el embalse.

La maleta dando vueltas
en la cinta transportadora de un aeropuerto.

El vientre de aire que gesta
el negativo de una escultura.

La libertad que ofrece
el apoyo móvil de un puente.

La inmersión del buzo
con un poro en la escafandra.

El hollejo que se retira
después de la fermentación del vino.

La letra del estribillo
de todas las canciones que escucho.

La baliza que indica en centelleos
la altura alcanzada por una chimenea.

La norma UNE que establece
la forma precisa de doblar un tamaño estándar de papel.

El techo de la marquesina
que nos protege de la intemperie.

La oscuridad que dilata mis pupilas
cuando se acaba la luz en el túnel.

La búsqueda meticulosa de un olor
en el círculo de fragancias de Edwards.

El argayo que nos arrastra a vivir
en el anonimato de la vida urbana.

La iluminación del experimento
con un pájaro en una bomba de vacío.

El electrodo positivo
desde donde se gesta un arco voltaico.

La bala que queda
incrustada en el chaleco.

La honestidad como lazarillo
en todas las pendientes de la vida.

El concurso de acreedores
que cierra ordenadamente una empresa.

El comienzo de una lluvia
cuando todo el mundo duerme.

El banco recién pintado
en el interior de una ermita románica.

La isla Kaffeklubben
considerada el territorio más cercano al Polo Norte.

La grasa nueva que silencia
los cojinetes del eje de una noria.

La mesa de nuestro presente
con alguna silla vacía.

El crampón que sujeta mi pie
sobre el estrato de hielo de un glaciar.

La suma que asigna el siguiente término
de la serie de Fibonacci.

El ascenso del aire en la atmósfera
que provoca en el cielo una borrasca.

La campana de bronce
que ya no suena en la espadaña.

La prueba de descargo que apoya
la presunción de inocencia del acusado.

El azul de Prusia repartido en cápsulas
al final de aquel concierto en Berlín.

La alteración súbita de la capacidad de hablar
como primer síntoma de un ictus.

La vegetación que ocupa todas las tumbas
en el cementerio judío de Katowice.

El electrón que completa
la capa exterior de un gas noble.

La parte décima de nuestro peso
que recomiendan no superar en la mochila.

El mes de septiembre
en las ramas de un granado.

El sentido correcto
de la rotación de un motor asíncrono.

El despertador que repite
cada nueve minutos una alarma.

El amortiguador en la zapata de un edificio
que minimiza el daño del terremoto.

El ramo de flores olvidado
bajo una butaca en el teatro.

El armario repleto de camisas
ordenadas todas por colores.

La voluntad que determina
el principio de unidad de acto.

El ruido que hacía el módem al conectarse a internet
a través del teléfono fijo.

La cuerda y la tiza con las que dibujo
una circunferencia en la pizarra.

El mecanismo hombre muerto
que habilita la conducción a un maquinista.

El deseo que progresa
como el hijo predilecto de la curiosidad.

El cordón que ata
un ramillete de flores de tomillo.

La carga de nieve que soporta
el tejado de un inmueble.

El ruido de los engranajes de plástico
del reloj minutero en un rellano.

La inteligencia colectiva
que guía la trayectoria del rebaño de ovejas.

El cenicero lleno
en la cabina del camión de las basuras.

El núcleo de sílice que transporta
el haz de luz que nos conecta.

La rabia defensiva con la que la memoria
nos resguarda del pasado.

La rapaz que aguarda el atropello
de un animal en la autopista.

El descenso en la tensión superficial
que termina por explotar una burbuja.

El benceno que libera
el humo de parafina de la vela.

El tablero de ajedrez
en un buque con destino a Buenos Aires.

El esguince de cuboides
que no origina hematoma en el tobillo.

La señal analógica que contiene
un elepé de acetato de vinilo.

El adobe firme
que no se mueve de la paridera.

El vuelo inesperado
del pájaro que teníamos en la mano.

La matriz identidad como elemento neutro
en el producto de matrices.

La ausencia del ruido cómodo que percibimos
como un corte de la comunicación.

La navaja afilada para realizar
el injerto por hendidura de un naranjo.

El instante en el que sientes que la anestesia
está derrotando a tu cuerpo.

La alineación del solsticio
entre las piedras del crómlech.

El endecasílabo que acentúa en séptima
para quebrar el ritmo del soneto.

La moda que plasmaban
los antiguos recortables de muñecas.

La huella de un corzo
en el huerto recién regado.

El mapa por el que se esparcen
todas las poblaciones y los mares.

El primero de los números enteros
que satisfará la ecuación de Fermat.

El casete de cromo de noventa
que rebobinaba al dar vueltas un bolígrafo.

El giro del agua a izquierdas
de todos los desagües en el hemisferio sur.

La búsqueda del pegamento de alta capacidad
que acabó derivando en los Post-it.

La montonera de huesos
que se calcinan en el muladar.

El horizonte que se oculta
tras un campo de girasoles.

La llamada perdida que suena
en el frío cuarto de una morgue.

La montaña que no pudo
mover ninguna fe.

La ciudad desconocida
que un día estrenarán nuestras pisadas.

El periodista inglés al abrigo
de los proyectiles en la trinchera.

El barranco que cada mes de marzo
devuelve el agua al río.

El barco en miniatura controlado por radio
que presentó Tesla en Nueva York.

El vaso del enjuague
donde queda un solo cepillo de dientes.

El cinturón que sujeta el autorrescatador
en la zona más baja de la mina.

La aplicación múltiple
del principio de Pareto en nuestra vida.

La esclusa que regula el nivel del agua
para facilitar la navegación.

La dispersión de Rayleigh
que hace los atardeceres anaranjados.

La descarga imaginaria
de las fotografías que guarda un espejo.

El aceite hipérico que generan macerando
las amarillas flores de la hierba de San Juan.

El goteo en la madrugada de un grifo
que no se puede cerrar.

La distancia intercontinental
que acorta una curva *geodésica*.

El sillón de terciopelo donde Cortázar
sentó al acaudalado lector.

La boya que señala exacto
el lugar del hundimiento.

La producción de ozono por el efecto corona
en los cables de alta tensión.

El collado que deja
a tus espaldas otro paisaje.

La máscara mortuoria de Dostoyevski,
imposible de olvidar.

La fotografía tomada desde la perspectiva nadir
que distorsiona las proporciones reales.

La pelvis que guarda
el centro de gravedad de nuestro cuerpo.

La cruz en el saso
que perdió el pulso con el futuro.

La bobina del relé que se magnetiza
al cerrarse un circuito de maniobra.

El cable de los audífonos
que se enreda dentro del anorak.

El puñado de semillas
llamado a perpetuar una especie.

La elipse que resulta al seccionar un cono
por un plano no perpendicular a su eje.

La franja blanca
del faro del fin del mundo.

La pluma que pierde
en su vuelo el alimoche.

El destello que se arrastra por el aire
para guiar la película hasta la pantalla.

La pregunta sobre la edad que tendríamos
cuando llegara el año dos mil.

La media suela que el zapatero colocaba
a los Oxford de mi abuelo.

La elección del lado de la cama
que hace tu pareja sin pensarlo.

El pie de rey imaginario que mide exacto
en el ecuador el diámetro de la tierra.

El ion de cloro liberado que nada
hacia el skimmer de la piscina.

La mirilla del vecino
que tapamos con dos dedos.

La alucinación impronosticable
que genera en la mente la ayahuasca.

La nutrición afectiva
que recibimos de nuestra madre.

El bosque quemado
que no volverá a arder.

La asíntota que se acerca a una curva
sin llegar nunca a coincidir con ella.

La aldaba que golpea
tres veces sobre la puerta.

El aspa que nos indica
la dirección equivocada en el sendero.

El despacho de cálculo de estructuras
donde había espacio para la poesía.

El auge del activo financiero tóxico
en una época de confianza.

El deseo de volver a ver
por segunda vez el cometa Halley.

La máquina de escribir
dispuesta para las justificaciones.

El método Euler para la resolución
de ecuaciones diferenciales ordinarias.

El estudio geológico convencido
de que la presa está sobre una falla.

El placebo que sana
la mitad de nuestros males.

La sangre que brota
del fondo de la memoria.

El coeficiente de seguridad
que le cubre la espalda al ingeniero.

El niño que nacerá
a nueve kilómetros al sur de Jerusalén.

El giro de la muñeca
que articulamos desde el codo.

El contrapeso que se dispone
para equilibrar los neumáticos de un coche.

La segunda luna llena
que surge en el mes de tu cumpleaños.

El despido interior
que atisbo en cada despertar.

La gravedad que Einstein vislumbró
como consecuencia de la curvatura espaciotemporal.

La oración adversativa
que nunca queremos escuchar.

El libro empezado
que nos espera en la mesilla.

El desequilibrio mental
inducido por una falta de serotonina.

La capa de pintura de la barca
que no puede esconder su edad.

La cámara termográfica
que descubre la humedad en un tabique.

La estimación de la tangente de un ángulo
resuelta mediante aproximaciones.

El pelo que crece
como una paradoja en el difunto.

La frenada repentina cuando advertimos
el flash de un radar de tráfico.

La reflexión escasa
acerca del precio de nuestro tiempo.

El bolso de viaje convertido
en el apartamento más grande del mundo.

El pulgar hacia arriba
en la camilla del helicóptero.

El límite que define un valor
en una integral impropia.

La rejilla oxidada
de la salida de humo de una discoteca.

La apertura de una vía nueva
en la pared vertical de nuestra historia.

La dualidad intrínseca de la luz
al comportarse como onda y corpúsculo.

El aumento de sueldo que te tienta
para que no cambies de trabajo.

El sistema imperial de unidades
que mide un volumen en galones.

El matorral que no encuentra
sitio en la huerta abandonada.

El mordisco en el tórax
que nos provoca el dolor ajeno.

La marca en la tapia que indica
hasta dónde llegó la inundación.

La espalda de los dioses
donde se escriben los evangelios.

La oferta excesiva que no deflaciona
la cesta de la compra.

La kasbah que nos invita
a adentrarnos en el desierto.

La sombra que se divide uniforme
entre todos los árboles de la ladera.

La exactitud de la posición de una partícula
que implica una incertidumbre sobre su velocidad.

El patrón lingüístico que al escucharlo
reconocemos como propio.

La agenda que planificaríamos
para las tres últimas horas de nuestra vida.

El dedal de costurera donde caben
doce granos de arroz.

La silueta de este poema
que miraremos al trasluz.

El apellido del médico
que rubricará nuestra autopsia.

Y la trascendencia tuya
de aparecer

en todas las cosas que enumero. ./

Esta primera edición de

UNO EFE SIETE

de Juanjo de Tierra

se terminó de imprimir

el día 27 de mayo de 2024